TIROS AL AIRE

TIROS AL AIRE

víctor jiménez

con doce aguadas de josé mateos
prólogo de lutgardo garcía díaz

LIBROS DE LA HERIDA
COLECCIÓN
vivezas
sevilla · 2026

LIBROS DE LA HERIDA

VIVEZAS, 5

Tiros al aire
es una edición de Libros de la Herida
www.librosdelaherida.es

© del texto: Víctor Jiménez Guerrero
ISNI: 0000 0000 7358 7835

© del prólogo: Lutgardo García Díaz

© de las ilustraciones de cubierta y guardas: Patricio Hidalgo
www.patriciopinceles.com

© de las aguadas de interior: José Mateos

© de la presente edición:
Libros de la Herida & La Palabra Itinerante S. L.

Maquetación: Fran Seisdoble

ISBN: 978-84-19919-16-8
Depósito legal: SE 274-2026

Producido en Andalucía la Baja, España
Impreso en Entorno Gráfico, S. L., Atarfe (Granada)

CASAPUERTA

VÍCTOR JIMÉNEZ Y EL ÁRBOL DE LA SOLEÁ

E<small>N</small> un poema inolvidable, Antonio Machado recuerda la luz de Sevilla y el palacio de las Dueñas, aquel donde nació, y *su rumor de fuente*. Al retratar al padre, lo sitúa, abstraído, pensativo, en el estudio, concentrado en sus lecturas y en sus notas, y dice de él que «pasea. / A veces habla solo, a veces canta». ¿Qué cantiñearía aquel Antonio Machado Álvarez que andaba desempolvando los cantes y recopilándolos con placer de anticuario? Probablemente, bajo la sombra de los limoneros, les metería músicas de aquellos gitanos trianeros a los que, seguramente, habría escuchado pegando la oreja a las puertas de las fraguas: «El querer quita el *sentío*, / lo digo por la experiencia / porque a mí me ha *sucedío*». Unas músicas, unos versos cuadrados a la perfección como solo el pueblo es

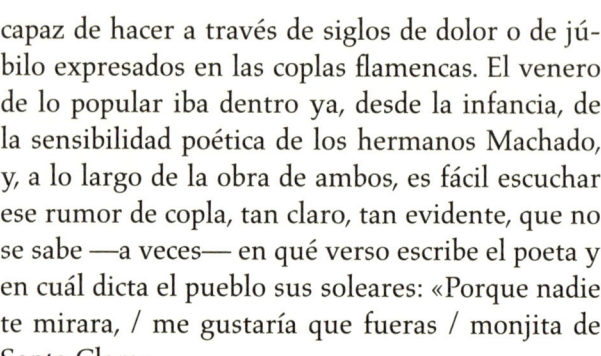

capaz de hacer a través de siglos de dolor o de jú-
bilo expresados en las coplas flamencas. El venero
de lo popular iba dentro ya, desde la infancia, de
la sensibilidad poética de los hermanos Machado,
y, a lo largo de la obra de ambos, es fácil escuchar
ese rumor de copla, tan claro, tan evidente, que no
se sabe —a veces— en qué verso escribe el poeta y
en cuál dicta el pueblo sus soleares: «Porque nadie
te mirara, / me gustaría que fueras / monjita de
Santa Clara».

El gran Aquilino Duque, maestro y amigo, tam-
bién se acogió con acierto a la soleá, entre las que
sobresalen algunas memorables como la conocidí-
sima del reloj de arena o «Una vez se me ocurrió
/ pedirle peras al olmo / y el olmo peras me dio».
Aquilino, en esta última, reúne no solo misterio,
filosofía y magia, sino también gracia, frescura y
una disposición de los acentos que la hace perfecta
tanto para la lectura como para el cante. El olmo es,
para Aquilino, la fantasía, la ilusión de la poesía. Y
Rafael Montesinos, otro cofrade de la hermandad
de la soleá, cierra magistralmente una de cuatro
versos en su *Canción de la puerta de Triana*, pu-

blicada en la revista *Cántico* de 1948: «¿Seré de verdad, Dios mío, / o soy lo que ya pasó? / El río corre a dos pasos / y medio de mi balcón». Esos *dos pasos y medio* introducen al poema en los territorios de la gracia, eso que es tan claro de entrever pero tan difícil de explicar.

Muchas letras populares, esas coplas escritas con la ortografía del pueblo, no desmerecen de la poesía denominada culta, y algunas de ellas han fascinado a los poetas que han rebuscado dentro de ellas verdades como piedras de molino. Hablando de piedras, una soleá de cuatro versos hizo cavilar a José Ángel Valente y, en parte, le sirvió para dar título a un libro: «Fui piedra y perdí mi centro / y me arrojaron al mar / y al cabo de mucho tiempo / mi centro vine a encontrar». Y es que las soleares tienen un acabado especial, ya sirvan para la lectura o para el cante, concentran la sabiduría y la conservan en un cofre mágico. Nada puede añadirse y nada puede restarse porque en tres versos cabe todo. Tres versos que son como una trinidad donde las distintas personalidades del alma —la alegría, la pena o el amor— se expresan con una atmósfera

de profundidad y de misterio. Ese cantaor lumi-
noso que fue Naranjito de Triana nos dejó algunas
soleares levantadas en barro y cocidas en el alfar
de su voz, que sabía a pan de oro: «Alguna vez he
bebío / en los charquitos del suelo, / mira la sed
que he *tenío*».

Alguna vez me han preguntado qué palo del
flamenco es mi favorito. Y siempre he respondido
que la soleá. Este cante reúne profundidad —eso
que los cabales llamamos hondura— y gracia. Es
un cante que sirve para estimar la medida de cada
artista. Es uno de los estilos donde se descubre la
trampa y el cartón de los que sólo *aflamencan* la
voz y también es donde aparece la verdad del arte
cuando se ejecuta con ortodoxia y entrega. Bien
cantada, debe tener grandeza y ritmo, debe ser
poderosa vocalmente, pero no puede dejar atrás la
cuadratura de un ritmo que va escrito en la parti-
tura de la memoria. Hay una geografía de la soleá
que va desde la milenaria sal de Cádiz a las cuevas
del Castillo de Alcalá, donde el misterioso Joaquín
el de la Paula se calentaba en las noches oscuras del
alma gitana encendiendo los cantes de su sabidu-

ría primitiva. Desde los melismas de aquel cantaor decimonónico que fue Enrique el Mellizo a este gitano exquisito y friolero que fue Joaquín. De una voz a otra, el fuego de estos cantes ha llegado, en el caso de Cádiz, a través de Aurelio Sellés, uno de los apóstoles del Mellizo; y en el de Alcalá, a través de sobrinos como Manolito de María y ese león cansado que fue Juan Talega. A principios del siglo xx la soleá tenía labrada ya grutas de agua misteriosa por las familias egipcianas de la baja Andalucía. Y desde Lebrija, Juaniquí trenzaba estilos distintos que cantaba, como un patriarca del Antiguo Testamento, dentro de una choza misteriosa que se convertía, a ratos, en la capilla sixtina de la soleá. Y entre Jerez y Utrera, la Serneta les metía envenenados ayes a los ritmos morenos de su cante «Presume que eres la ciencia…». De todo eso dio buena cuenta en las rasgaduras de su voz Fernanda de Utrera, a quien escuchábamos transidos como comulgantes de un arte desparecido y misterioso. Otro raro, Antonio Frijones, se dejaba ver a ratos por los cafés cantantes trayendo la flor del vino jerezano dentro de sus cantes. Y así Manuel Torre, y

Pastora y Tomás Pavón, el genio hercúleo de Caracol y todo el mundo de la soleá trianera con sus vertientes gitanas y alfareras hasta llegar a la cumbre de este cante que, a nuestro juicio, está en esos enigmáticos recuerdos de Charamusco que grabó Antonio Mairena ya en los epílogos de su vida.

Aquí tenemos estas soleares para leer o, incluso, para cantiñear, quien pueda, como hacía el gran Demófilo bajo la luz de las Dueñas. Su autor, Víctor Jiménez, ha sabido escuchar el tono de voz del pueblo para darle la estructura de lo popular y concentrar en él toda su biografía poética. Maestro de profesión y de la poesía, estas soleares son fragmentos de sabiduría y llevan el color de la buena literatura. Como Víctor sabe que es necesario que haya acompañamiento de guitarra para los cantes a compás, se ha venido a acompañar aquí por estas aguadas del poeta jerezano José Mateos, quien —entre magia y misterio— pinta con la misma delicadeza con la que pulsa los poemas. Si Camarón de la Isla cantaba «Yo pegué un tiro al aire, / cayó en la arena. / Confianza en el hombre / nunca la tengas», Víctor Jiménez —nacido en un barrio artillero— ha dado sus tiros al aire con la munición de su buen hacer poético. No hay lugar para la desconfianza ni para las balas de fogueo. Como cantaba Aquilino, el olmo de la poesía es capaz de dar peras a quien sabe esperar y ponerse bajo su sombra. Y aquí hay poesía. Una poesía decantada ya por el tiempo, consolidada, echada como piedra al mar de la vida y que regresa para encontrar su centro en cada una de estas piezas, que son, como el cante, como el buen fino, para degustar en un catavino. Buen provecho.

LUTGARDO GARCÍA DÍAZ

Le pego tiros al aire.
Siempre habrá versos perdidos
que, si estás cerca, te alcancen.

LA LUZ A CUESTAS

I

Igual que la soleá,
la vida tiene tres versos.
Ni uno menos ni uno más.

II

Cuando ya vienes de vuelta,
mejor los caminos llanos
que los caminos con cuestas.

III

Si te cuesta la subida,
ni te digo la bajada
de esa cumbre que es la vida.

IV

Hay quien te suelta palabras,
medio en serio, medio en broma,
que son como puñaladas.

V

No te vengas tan arriba,
que de bajarte los humos
siempre se encarga la vida.

VI

Cuando te pasa algo bueno,
hay quien se alegra por fuera
mientras se quema por dentro.

VII

Siempre en la vida hay alguno
que no te perdona nunca
que te abras paso en su mundo.

VIII

Hay quien, igual que en la escuela,
cuando tiene algún suspenso,
culpa siempre a los que aprueban.

IX

Me las tenía guardadas…
Pero no las cosas buenas.
Apuntó sólo las malas.

X

Nunca pierden la memoria
quienes pierden una guerra.
Siempre duele la derrota.

XI

De quien te guarda rencor
y no te mira de frente,
cuanto más lejos, mejor.

XII

En este mundo hay personas
que les haces un favor
y nunca te lo perdonan.

XIII

Nunca cuentes tus desdichas.
A los que te quieren mal
no les des tanta alegría.

XIV

Hay quien las mata callando.
Y, a veces, al darte cuenta,
te dan ganas de matarlo.

XV

Calla y muérdete la lengua,
no vaya a ser que mañana
de lo dicho te arrepientas.

XVI

Nunca digas de esta agua…
Que, cuando aprieta la sed,
hay quien bebe en una charca.

XVII

¿De dónde viene este viento
que, cuando menos lo esperas,
te trae tantos recuerdos?

XVIII

Nadie puede asegurar
que todo lo que recuerda
sucediera de verdad.

XIX

Lo mismo tocas el cielo
que lo mismo tocas fondo.
No tienes término medio.

XX

Vaya penita la mía.
De noche, duerme conmigo
y me acompaña de día.

XXI

Me digo: «Vive el momento».
Y hago justo lo contrario.
Será que no tengo arreglo.

XXII

Siempre tuve la creencia
de que estar bajo los focos
es llevar la luz a cuestas.

XXIII

Por más que pongas empeño
en dejarlo todo atado,
siempre quedan cabos sueltos.

XXIV

Será por la suerte o no.
Siempre que perdí algún tren,
detrás vino otro mejor.

CANTOS DE SIRENA

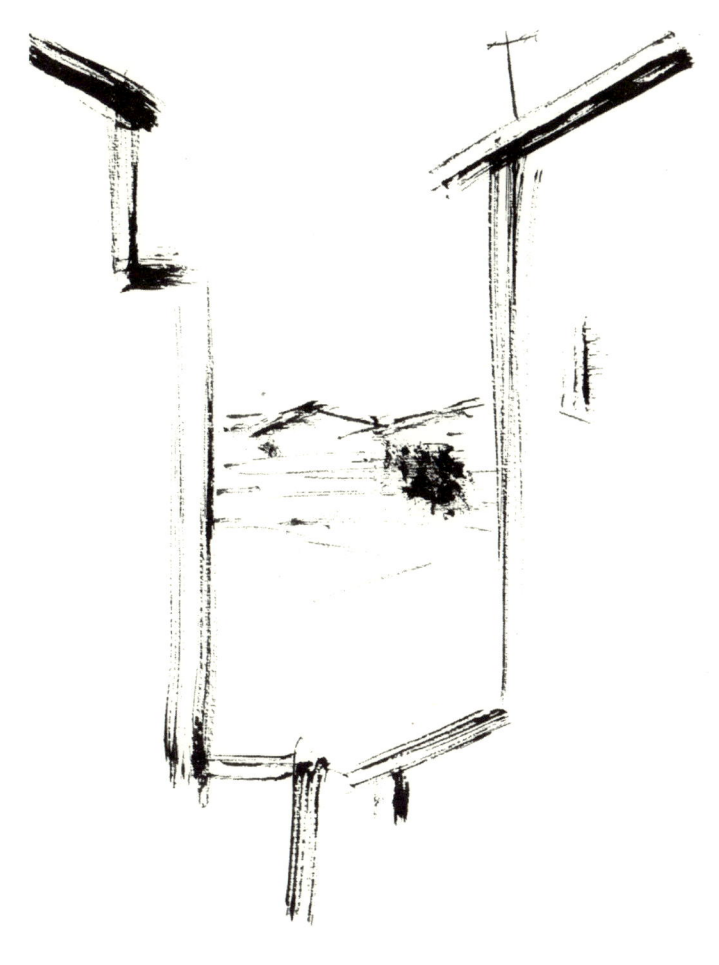

XXV

La mujer que tú soñabas
ha sido siempre la misma,
aunque con distintas caras.

XXVI

No me llames más amigo
cuando te miro a los ojos,
que me sienta como un tiro.

XXVII

Contigo me perdería.
Contigo en un laberinto
que no tuviera salida.

XXVIII

Cada vez que yo te veo,
si no me mata, me hiere
el aguijón del deseo.

XXIX

A mí me encanta tu alma.
Pero, si a ti no te importa,
quiero abrazarla en tu cama.

XXX

Otro gallo cantaría
si me dejaras llevarte
hasta las claras del día.

XXXI

Desde que los dos tuvimos
aquella conversación,
estoy soñando contigo.

XXXII

No te dice la verdad
quien te pide sólo un beso.
Después, siempre quiere más.

XXXIII

Mejor, perdernos de vista.
Cada vez que estamos juntos,
acaban saltando chispas.

XXXIV

Siempre ha sido nuestro amor
un «tal vez» y un «Dios dirá»…
Y la culpa de los dos.

XXXV

No me perdona ni una
la que duerme aquí a mi lado,
aunque le baje la luna.

XXXVI

Nada de darnos un tiempo.
Dime sólo si tu amor…
se murió o se está muriendo.

XXXVII

De aquel amor nos quedó
un corazón por los suelos.
Y no fue tu corazón.

XXXVIII

Hace mucho que te fuiste.
Y triste estoy porque sé
que eres tú la que está triste.

XXXIX

El agua puso la música
y nuestros labios la letra
aquella tarde de lluvia.

XL

Por más que brillaba el sol,
qué oscura la mañanita
aquella de nuestro adiós.

XLI

Otra vez 1 de enero.
¿Año Nuevo, vida nueva?
Quiero olvidarla y no puedo.

XLII

Jamás olvidé ni olvido
las veces que nos miramos,
los besos que no nos dimos.

XLIII

La miro y sigo sintiendo
lo mismo que el primer día.
No pasa en la foto el tiempo.

XLIV

Cada vez me duelen más
las veces que me esperaste
y no me viste llegar.

XLV

Ella me cogió las manos
y las llevó a su cintura.
Era invierno. Y fue verano.

XLVI

No quiero verte, no quiero.
No quiero volver a verte
por no perder tu recuerdo.

XLVII

Si supieras la de veces
que yo te he abierto la puerta
de mis sueños para verte.

XLVIII

Olvida ya aquel amor,
que son cantos de sirena
llamando a tu corazón.

RELOJ DE ARENA

XLIX

Otra nueva primavera.
Vuelven siempre al arrabal
de mi infancia las cigüeñas.

L

Adónde aquellos veranos
que duraban una vida
con el tiempo entre las manos.

LI

El tiempo y las estaciones:
esa noria que da vueltas
con sus cuatro cangilones.

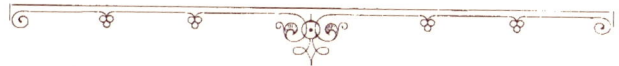

LII

Siempre a vueltas con el tiempo.
Del mañana, tantas dudas…
Del ayer, tantos recuerdos…

LIII

No vuelvas siempre a lo mismo,
que volver tanto al pasado
te acerca más al abismo.

LIV

Siempre te traiciona el tiempo.
Primero, te da la mano.
Y, después, te da por muerto.

LV

Se creía que era un roble
que desafiaba al tiempo.
Si sería necio el hombre…

LVI

Ya lo decía mi padre.
Aunque se pare el reloj,
al tiempo no hay quien lo pare.

LVII

Me gusta perder el tiempo
y encontrármelo después…
Pero en los buenos momentos.

LVIII

Lo peor no son los años.
Es saber que en una esquina
la muerte te está esperando.

LIX

Como te espera la muerte,
ponte a vivir y a vivir
cada horita que te quede.

LX

Cuando se acaba la arena,
al reloj de nuestra vida
a ver quién le da la vuelta.

DE SOMBRA Y SUEÑO

LXI

Las nubes de la memoria.
Y el tiempo que nos arrastra
hasta la última sombra.

LXII

Hay quien mira desde arriba
y no se para a pensar
que lleva la muerte encima.

LXIII

Cuando te busca las vueltas,
por más lejos que te escondas,
la muerte siempre te encuentra.

LXIV

La muerte sabe esperar,
porque sabe, como nadie,
que tú serás puntual.

LXV

La muerte siempre nos ronda.
Nunca sé si quien me sigue
es la mía o es su sombra.

LXVI

Quien con la muerte se junta,
bien sabe Dios que se queda
más solito que la una.

LXVII

Vive tan muerto de miedo
que hasta su sombra se cree
que ya es la sombra de un muerto.

LXVIII

Como no hay más vuelta de hoja
y ella no te toma en serio,
tómate la muerte a broma.

LXIX

Si el disparo al fin te mata,
qué más da que sea o no
con una bala de plata.

LXX

No hay rival como la muerte.
Puedes ganarle batallas,
pero la guerra la pierdes.

LXXI

Un muerto vive en tu casa,
lo quieras o no lo quieras.
Y tiene tu misma cara.

LXXII

Y siempre siempre lo mismo.
Que, vayas por donde vayas,
vas camino del olvido.

LXXIII

Si quieres morirte en paz,
antes de que te perdonen,
perdona tú a los demás.

LXXIV

Cuando me llegue la hora,
quiera Dios que no me falte
una mano que conozca.

LXXV

Igual que ahora la vida,
mañana será la muerte
tal vez tu mejor amiga.

LXXVI

Entre la vida y la muerte,
hay quienes ven esa luz
que misteriosa se enciende.

LXXVII

Aunque los llame la muerte,
quienes nos dejan su luz
nunca se van para siempre.

LXXVIII

El ciprés del cementerio
no es el árbol de la muerte.
Es el que te acerca al cielo.

DE MI PULSO Y LETRA

LXXIX

¿De qué fuente son los versos
que a tu vida le dan agua
cada vez que estás sediento?

LXXX

Me dicta siempre los versos
el que siempre va conmigo
y comparte mis silencios.

LXXXI

Tus poemas te desnudan
y, al principio, te avergüenzan.
Pero, al cabo, te acostumbras.

LXXXII

Casi siempre me pregunto,
cada vez que escribo un libro,
si el nuevo no será el último.

LXXXIII

Siempre que escribes un libro,
cuando lo piensas, te cuesta
creer que tú lo has escrito.

LXXXIV

Ya lo voy teniendo claro.
Por muchos versos que escriba,
no siempre doy en el clavo.

LXXXV

A ver si el verso que escribes,
de tan claro y transparente,
no acaba siendo invisible.

LXXXVI

Poemas de circunstancias…
Qué pérdida casi siempre
y qué rara vez ganancia.

LXXXVII

Hay ejercicios de estilo
que pueden ser, con el tiempo,
cimientos de algún buen libro.

LXXXVIII

No sé cómo, a estas alturas,
te pasas horas y horas
cantando bajo la duda.

LXXXIX

Y tanto tanto sabía...
que, a la hora de escribir,
se olvidaba de la vida.

XC

Se cree el pavo real
que canta y vuela más alto
y mejor que los demás.

XCI

Como salvas de cañón,
hay versos que suenan mucho
sin llegar al corazón.

XCII

Hay poemas que son fríos,
que no calientan ni alumbran
por muy bien que estén escritos.

XCIII

Aunque no los haya escrito,
siento míos los poemas
que me van quitando el frío.

XCIV

Busca la luz verdadera.
Los fuegos artificiales
déjalos para las fiestas.

XCV

Nunca miento cuando escribo,
aunque sea algunas veces
mentira lo que te digo.

XCVI

Hay versos como las balas,
que te silban al pasar
o te hieren o te matan.

XCVII

Tal vez sea fuego amigo
cada verso que te hiere
sin saber de dónde vino.

XCVIII

No son míos los poemas.
Yo sólo pongo la música.
La vida pone la letra.

XCIX

A veces, menos es más.
Y basta con los tres versos
de una buena soleá.

ÍNDICE

CANTOS DE SIRENA

RELOJ DE ARENA

DE SOMBRA Y SUEÑO

DE MI PULSO Y LETRA

AGUADAS

Arrancaba el año 2026
y estas coplas brotaban
para cantar el tiempo vivo
como el pueblo sabe.

Palabras encendidas,
irrupciones de la gracia,
sabidurías primordiales.

Sean bienvenidos
estos oportunos y certeros
Tiros al aire,
de
Víctor Jiménez.